LA
FORCE
INVISIBLE

LA
FORCE
INVISIBLE

365 façons d'appliquer le pouvoir de l'intention dans votre vie

DR WAYNE W. DYER

Traduit de l'anglais
par Nadine Lachance

Le matériel dans ce livre a été adapté à partir de The Power of Intention Perpetual Flip Calendar du Dr Wayne W. Dyer (Hay House, Inc., 2004).

Syntonisez radio Hay House à www.hayhouseradio.com

Éditeur : François Doucet
Traduction : Nadine lachance
Révision linguistique : Féminin Pluriel
Révision : Nancy Coulombe, Suzanne Turcotte
Design de l'intérieur : Tricia Breidenthal
Design de la couverture : Nick Welch
Photo de la couverture : Greg Bertolini
Montage de la couverture : Matthieu Fortin
Graphisme et mise en page : Sylvie Valois
ISBN : 978-2-89565-693-7
Première impression : 2008
Dépôt légal : 2008
Bibliothèque et Archives nationales du Québec
Bibliothèque Nationale du Canada

Éditions AdA Inc.
1385, boul. Lionel-Boulet
Varennes, Québec, Canada, J3X 1P7
Téléphone : 450-929-0296
Télécopieur : 450-929-0220
www.ada-inc.com
info@ada-inc.com

Diffusion
Canada: Éditions AdA Inc.

Imprimé en Chine   SODEC

Participation de la SODEC.
Nous reconnaissons l'aide financière du gouvernement du Canada par l'entremise du Programme d'aide au développement
de l'industrie de l'édition (PADIÉ) pour nos activités d'édition.
Gouvernement du Québec - Programme de crédit d'impôt pour l'édition de livres - Gestion SODEC.

Catalogage avant publication de Bibliothèque et Archives nationales du Québec et Bibliothèque et Archives Canada

Dyer, Wayne W.
    La force invisible : 365 façons d'appliquer le pouvoir de l'intention dans votre vie
    Traduction de: The invisible force.
    ISBN 978-2-89565-693-7
    1. Intentionnalité (Psychologie). 2. Comportement humain. I. Titre.

BF619.5.D93214 2008   153.8   C2008-940848-9

INTRODUCTION

J'ai élaboré ce petit livre parce que j'aimerais communiquer le fait que l'intention est un champ d'énergie qui circule invisiblement au-delà de la portée de notre mode de vie habituel de tous les jours. C'est une force que nous avons tous à l'intérieur de nous, et nous avons le pouvoir de la faire survenir dans nos vies en *étant* l'énergie que nous voulons attirer.

J'espère que vous utiliserez le matériel édifiant à l'intérieur de ces pages pour amener le pouvoir de l'intention dans *votre* vie pour plusieurs années à venir et que vous expérimenterez le monde de façon nouvelle et excitante !

— **Dr Wayne W. Dyer**

1

Le pouvoir de l'intention est le pouvoir de l'amour et de la réceptivité. Il ne demande rien à personne, il ne juge personne, et il encourage les autres à être libres d'être eux-mêmes.

2

Depuis notre Source,
nous sommes de
l'énergie informe, et
l'intention se trouve
dans ce champ vibrant
d'énergie spirituelle.

3

Quand la vie semble s'acharner
contre vous, quand les soi-
disant mauvaises personnes se
présentent, ou quand vous vous
égarez et que vous retournez à
vos vieilles habitudes qui vont
à l'encontre du but recherché,
reconnaissez les signes
disant que vous n'êtes pas en
harmonie avec l'intention.

4

Restez humble et reconnaissant pour tous vos talents, et sachez qu'une force plus grande que votre ego est toujours à l'œuvre dans votre vie.

5

*E*n demeurant avec les énergies supérieures d'optimisme, de pardon, de compréhension, de vénération pour l'Esprit, la créativité, la sérénité et le bonheur, votre propre but — lequel se résume à servir les autres et servir Dieu — est accompli, et en prime, vous créez des alliés.

La méditation vous

permet d'établir un lien

conscient avec votre

Source et de retrouver le

pouvoir de l'intention.

Au fur et à mesure que vous vous éveillez à votre nature divine, vous commencerez à apprécier la beauté dans tout ce que vous voyez, touchez et expérimentez.

8

En bannissant le doute et en pensant de manière illimitée, vous créez un espace pour que le pouvoir de l'intention circule à travers vous.

*E*n vous ouvrant au pouvoir de

l'intention, vous commencez à

reconnaître que la conception,

la naissance et la mort sont

tous des aspects naturels du

champ d'énergie de la création.

10

*U*ne gentillesse offerte,

reçue ou observée produit un

effet bénéfique sur la santé

physique et les sentiments de

chaque personne impliquée.

En choisissant de voir la beauté dans tout, même une personne qui est née dans la pauvreté et l'ignorance sera capable de connaître le pouvoir de l'intention.

Les mots qui représentent les sept visages de l'intention sont : *créativité, gentillesse, affection, beauté, grandeur, abondance* et *réceptivité*. Mémorisez-les pour vous mettre en harmonie avec le pouvoir de l'intention.

*C*onsidérez être comme un miroir et reflétez ce qui entre dans votre vie sans jugement ni opinions.

Vous découvrirez votre but seulement dans le service aux autres, et en étant connecté à quelque chose de vraiment plus grand que votre corps/esprit/ego.

Chacune de vos pensées
peut être énergiquement
calibrée, ainsi que son
impact sur votre corps et
sur votre environnement.

16

*S*achez que personne n'est

capable de vous contrarier

sans votre consentement.

Disposez des photographies de scènes de la nature, d'animaux, de joie et d'amour dans votre environnement, et laissez leur énergie rayonner dans votre cœur et vous transmettre leur plus haute fréquence.

Plutôt que d'utiliser un langage qui laisse entendre que vos désirs ne vont peut-être pas se matérialiser, exprimez-vous à partir d'une conviction intérieure qui communique votre connaissance simple et profonde que la Source universelle fournit tout.

Le pouvoir de l'intention est si dénué de doute que lorsque vous y êtes connecté, vous voyez ce que vous aimeriez avoir comme étant déjà présent.

Plutôt que de prier Dieu ou

un saint pour un miracle,

priez pour le miracle d'un

éveil intérieur, lequel ne

vous quittera jamais.

Rendez-vous disponible pour

le succès, et sachez et ayez

confiance en une force invisible

qui subvient à tous vos besoins.

22

Envisagez les événements parsemés d'obstacles comme des occasions parfaites de tester votre résolution et de trouver votre but.

Quand vous ressentez le

besoin que la bonne personne

se présente dans votre vie,

prononcez cette affirmation :

je sais que la bonne personne va

se manifester selon l'ordre divin,

précisément au moment propice.

24

Quoi que vous souhaitiez
accomplir est un fait
existant qui est déjà
présent dans l'Esprit.

Regardez-vous dans un miroir, fixez vos yeux, et prononcez « je m'aime », autant de fois que possible durant la journée.

26

Parce que le champ d'énergie de l'intention est omniprésent, vous y avez complètement accès dès votre arrivée physique sur Terre. La seule manière de désamorcer cette force est en croyant que vous en êtes séparé.

Communiquez vos intentions
en étant en harmonie avec
l'énergie créative de la Source.
Vous ne serez jamais offensé,
parce que votre ego ne sera pas
impliqué dans vos opinions.

28

Voyez toutes les soi-disant coïncidences bizarres qui entourent vos désirs comme des messages de votre Source, et suivez-les immédiatement.

Le fait même que nous puissions respirer et vivre est la preuve que la nature de l'Esprit vivifiant est fondamentalement créatrice.

Comportez-vous comme si vous étiez déjà ce que vous aimeriez devenir.

En vous détournant
des substances de basse
énergie, comme l'alcool
et les médicaments,
vous pouvez atteindre
le niveau de conscience
que vous implorez.

Ne jugez pas les autres ou vous-même sur le fait d'être trop gros, trop grand, trop laid — trop n'importe quoi ! Tout comme le pouvoir de l'intention vous accepte et vous reflète sans jugement ou attachement, essayez d'être ainsi avec ce qui se présente dans votre vie.

Dégagez une énergie de sérénité

et de paix afin d'avoir un

effet inspirant sur ceux avec

qui vous entrez en contact.

34

Que vous l'appeliez Dieu,

Esprit, Source ou intention,

soyez conscient que les pensées

désagréables affaiblissent

votre lien avec celui-ci, et les

pensées gentilles le fortifient.

35

Votre moi physique est inspiré

par une force divine qui fait

battre son cœur, digérer sa

nourriture et pousser ses

ongles ; et cette même force

est réceptive à une santé

infiniment abondante.

36

Souvenez-vous d'être gentil envers vous-même dans tous les choix que vous faites dans votre vie quotidienne.

Des sentiments de passion, de

pur bonheur, de vénération,

d'optimisme, de confiance

et d'illumination indiquent

que votre désir de manifester

le succès et l'abondance

a un pouvoir d'attraction

extrêmement fort de la

Source jusqu'à vous.

38

Acceptez le fait que vous ne pourrez jamais tout terminer, et commencez à vivre plus pleinement dans l'unique moment dont vous disposez vraiment — maintenant!

Répétez-vous ces paroles : *je suis ici pour un but précis, je peux accomplir tout ce que je désire, et je le fais en étant en harmonie avec la force créative omniprésente dans l'univers.*

Tâchez de vivre dans la gaieté et la bonté. C'est une énergie bien supérieure à la tristesse ou à la malveillance, et elle permet à vos désirs de se manifester.

Refusez de vous voir comme inauthentique ou lâche parce que ces pensées vous empêcheront de donner suite à ce que vous vous saviez destiné à devenir. Prenez des mesures au quotidien pour que les pensées de votre grande mission héroïque soient en harmonie avec vos activités.

42

Évitez les champs à basse énergie où il y a alcool excessif, consommation de drogue ou comportement violent, et les rassemblements où l'exclusion ethnique ou religieuse et le préjugé mordant sont le centre d'intérêt.

*S*ouvenez-vous que l'impact que vous avez sur les autres — que ce soit sur des étrangers, les membres de votre famille, vos collègues ou voisins — est une preuve de la force de votre lien avec le pouvoir de l'intention.

44

En agissant délibérément et en considérant les obstacles comme des rappels amicaux d'avoir confiance en ce que vous ressentez profondément en vous, vous accomplirez votre propre intention d'être une personne déterminée.

Rappelez-vous : vous avez été fait intentionnellement d'amour, vous devez donc *être* amour pour faire intentionnellement.

Répétez les mots *but* ou *intention* quand vous êtes anxieux ou quand tout autour de vous semble conspirer à vous éloigner de votre mission. C'est un rappel à être paisible et calme.

Concentrez-vous sur l'idée

d'un pouvoir infini suprême

produisant les résultats que

vous désirez. Ceci est le

pouvoir créatif de l'Univers.

48

Quand les gens se sentent
beaux, ils agissent avec grâce.
La beauté prolifère chez les
autres seulement en raison
de votre présence quand vous
êtes connecté à l'intention.

Voyez vos pensées tenaces, qui ne veulent tout simplement pas vous quitter, comme si c'était l'intention qui vous dit : « Vous vous êtes engagé à exprimer votre intelligence unique, alors pourquoi continuez-vous à l'ignorer ? »

50

Si les autres ne vous traitent pas comme vous l'aimeriez, admettez ceci : *J'ai enseigné à ces gens comment me traiter en fonction de ma volonté à rendre leurs opinions de moi plus importantes que la mienne propre. C'est maintenant mon intention de leur enseigner comment je souhaite être traité dès maintenant!*

Vous n'êtes pas ce que vous
avez et vous n'êtes pas ce
que vous faites ; vous êtes un
être divin et infini déguisé
en une personne prospère
qui a accumulé une certaine
quantité de biens matériels.

Sachez dans votre cœur que

les événements apparemment

miraculeux sont amenés

dans votre espace de vie

immédiat parce que vous

êtes déjà connecté à eux.

Si vous vous sentez faible, léthargique, et fatigué après avoir mangé certaines choses, prenez note de ce que vous avez mangé afin d'éviter de manger cette même nourriture pauvre en énergie dans le futur.

La méthode la plus rapide pour comprendre et vivre votre but est de vous demander si vous pensez de manière aimante.

Ce que vous sentez

inadéquat ou manquant

dans vos relations est

une indication que

quelque chose cloche

à l'intérieur de *vous*.

56

Abandonnez l'idée que vous êtes un corps qui est destiné à mourir, et à la place, recherchez une conscience de votre moi immortel.

57

Placer des affirmations positives à des endroits stratégiques où vous les remarquerez et les lirez pendant la journée.

L'idée de prodiguer de la gentillesse aux autres est particulièrement pertinente dans la façon dont vous traitez avec les gens qui sont impuissants, plus âgés, mentalement handicapés, frappés par la pauvreté, invalides, et ainsi de suite. Ces gens font tous partie de la perfection de Dieu.

Sentez monter la force de

la vie qui vous permet de

penser, dormir, avancer,

digérer et même méditer.

Le pouvoir de l'intention

répond à votre appréciation.

Souvenez-vous que chacun

des progrès modernes que

vous voyez et tenez pour

acquis a été créé par quelqu'un

contemplant ce qu'il avait

l'intention de manifester.

Les pensées stressantes, résistantes, ne doivent pas être votre manière habituelle de réagir à votre monde. En pratiquant des pensées de résistance minimale, vous deviendrez un jour ou l'autre la personne tranquille que vous souhaitez être.

62

Chaque aspect de la nature,

sans exception, a une intention

innée, construite en elle.

Le gland ne devient jamais

une citrouille, ou la fleur de

la pomme, une orange.

63

Continuellement voir les
autres comme malhonnêtes,
paresseux, immoraux et
ignorants peut être un moyen
de compenser quelque
chose que vous craignez.

*R*estez constamment en harmonie avec le champ de l'intention, puis surveillez les indices, à savoir ce que vous appelez de la Source toute créative est en train d'arriver dans votre vie.

Si vous vous êtes déjà senti

inspiré par un but ou une

vocation, vous connaissez

la sensation de l'Esprit

travaillant à travers vous.

66

Si vous désirez la paix pour les autres, vous la recevrez. Si vous voulez que les autres se sentent aimés, vous serez la personne qui reçoit l'amour.

67

Même si c'est juste pour un répit de deux minutes au cours desquelles vous êtes silencieux, concentrez-vous périodiquement sur le nom du divin, ou répétez le son « Ahh » comme un mantra intérieur.

68

En permettant à l'ego de déterminer votre chemin de vie, vous désamorcez le pouvoir de l'intention.

69

Faites-vous un devoir d'utiliser votre temps libre pour lire au sujet des gens qui sont des exemples de vie déterminée, et prenez modèle sur eux.

*E*n vous voyant comme un
être infini, la peur de la
mort est éliminée à jamais.

Quand vous n'êtes pas en

harmonie avec l'*énergie* de

l'amour, vous vous êtes éloigné

de l'intention et vous avez

affaibli votre capacité à l'activer

à travers l'*expression* de l'amour.

72

Si vous êtes trop préoccupé

par la façon dont vous serez

perçu par tout un chacun, vous

vous êtes alors déconnecté de

l'intention et vous avez laissé

l'opinion des autres vous guider.

Éloignez-vous doucement des gens bruyants, belliqueux, opiniâtres. Adressez-leur une bénédiction silencieuse et partez ensuite discrètement.

Pratiquez la gentillesse et

la bienveillance envers tous

les animaux, minuscules et

énormes ; le royaume entier

de la vie sur Terre, tel que les

forêts, les déserts et les plages ;

et tout ce qui a l'essence de

vie palpitant à travers lui.

L'amour est la coopération plutôt que la concurrence, et il est la force derrière la volonté de Dieu.

76

N'absorbez pas les énergies affaiblissantes transmises par ceux qui vous entourent. Les autres ne peuvent vous abattre si vous opérez avec les plus hautes énergies.

Les émotions négatives vous

disent que votre pouvoir

d'attirer l'intention est faible

ou même inexistant ; les

émotions positives vous

disent que vous êtes connecté

et que vous accédez au

pouvoir de l'intention.

Rappelez-vous que lorsque

vous pensez à ce qui vous

déplaît, vous agissez en fonction

de ce que vous pensez, en

l'attirant simultanément

encore plus vers vous.

En vous sentant bien durant toute la journée, vous devenez un instrument de paix, et c'est à travers ce canal que vous éradiquez les problèmes.

À travers l'imagination, Dieu amène tout à la réalité. Faites-en aussi votre nouvelle stratégie.

Peut-être que le chemin le plus sûr vers le bonheur et l'accomplissement dans la vie est de remercier et de louanger votre Source pour *tout* ce qui vous arrive. Puis, même lorsqu'une calamité survient, vous pouvez être assuré que vous la changerez en bénédiction.

82

Prenez l'engagement

intérieur de vous

respecter et de vous

sentir digne de tout ce

que l'univers a à offrir.

Devenez conscient de votre propre capacité étonnante d'influer sur la guérison et la santé de ceux qui vous entourent, simplement par la présence silencieuse de votre connexion de haute énergie avec l'intention. C'est littéralement une énergie qui émane de vous.

84

Commencez à pratiquer
l'intention d'être
authentique et pacifique
avec *chacun*. Quand vous le
faites, vous vous connectez
à la paix elle-même.

Voyez la lumière dans les autres, et traitez-les comme si c'est tout ce que vous voyez.

86

Élevez-vous au niveau de
l'énergie où vous *êtes* la
lumière que vous recherchez,
où vous *êtes* le bonheur que
vous désirez, où vous *êtes*
l'amour qui vous manque,
où vous *êtes* l'abondance
illimitée que vous sollicitez.

Vos enfants sont des êtres spirituels qui se réalisent *à travers* vous, et non *pour* vous.

88

Croyez à la synchronicité.
Ne soyez pas étonné quand
quelqu'un à qui vous pensiez
vous appelle à l'improviste,
quand le livre parfait arrive
de façon inattendue dans le
courrier, ou quand l'argent
pour financer un projet
apparaît mystérieusement.

Il y a toujours quelque chose de beau à être vécu, peu importe où vous êtes. En ce moment précis, regardez autour de vous et choisissez la beauté comme point central de votre attention.

90

Mettez-vous au diapason de

« ce qui viendra prochainement »

de l'Esprit universel qui est à

l'origine de chacun et de chaque

chose, tout en le déployant à

l'extérieur, et vous attirerez

à vous tout ce que vous avez

l'intention de manifester.

Refusez simplement de penser

que vous pourriez être une

victime d'une affection ou

d'une incapacité, et ne gaspillez

pas les précieux moments de

votre vie à discuter de maladies

ou de blessures passées.

Prenez quelques instants pour être silencieux, et répétez le son de Dieu (« Om » ou « Ahh ») comme un mantra intérieur.

Quand vous désirez ardemment
faire l'expérience d'une famille
paisible, tout commencera à
arriver pour que ce grand désir
s'accomplisse spontanément
et naturellement.

94

Sachez que l'univers est toujours disposé à travailler avec vous en votre faveur ; et que vous êtes toujours dans un monde amical plutôt qu'hostile.

Les relations sacrées facilitent l'accès à des niveaux supérieurs de l'énergie du pouvoir de l'intention, pour quiconque est impliqué. Les relations malveillantes gardent l'énergie à des niveaux inférieurs et plus lents, pour tous ceux concernés.

Il est important de se souvenir

que la haine, dirigée contre

vous-même ou les autres,

peut toujours être convertie

en une force de l'intention

qui donne la vie et l'amour.

Imaginez que l'intention n'est pas quelque chose que vous *faites*, mais plutôt une force qui existe dans l'univers comme un champ d'énergie invisible.

Vous connaîtrez votre

propre potentiel pour

la grandeur quand

vous commencerez à

voir la perfection dans

toutes les relations.

*E*ntraînez vos pensées
à passer à des niveaux
de vibrations plus
hautes afin que vous
développiez la capacité de
détourner les vibrations
inférieures et plus lentes.

100

Accomplissez anonymement des gestes de bonté, n'attendant rien en retour — pas même un merci.

101

La façon d'établir une relation

avec l'Esprit et d'accéder au

pouvoir de ce principe créateur

est de continuellement vous

contempler comme étant

entouré par les conditions

que vous souhaitez créer.

102

*S*ouvenez-vous de ce que le philosophe Pierre Teilhard de Chardin a dit : « La conclusion est toujours la même. L'amour est la plus puissante et encore la plus mystérieuse des énergies cosmiques. »

Faites l'effort conscient de passer à un niveau de pensées et de sentiments compatissants. Par exemple, offrez une bénédiction silencieuse aux sans-abri plutôt que de les juger comme étant des paresseux ou une perte pour l'économie.

Quand vous stockez l'abondance qui arrive dans votre vie, le flot est interrompu. Vous devez continuer à la faire circuler, toujours en sachant que rien ne peut l'arrêter de venir dans votre vie, à l'exception de toute forme de résistance que *vous* placez sur son chemin.

N'entretenez aucune rancune et pratiquez le pardon. C'est la clé pour maintenir la paix dans toutes vos relations.

Passez du temps à observer les bébés. Ils ne travaillent pas, ils font caca dans leur culotte, et ils n'ont pas d'autres objectifs que celui de se développer, de grandir et d'explorer ce monde étonnant. Soyez comme ce bébé que vous avez un jour été, quant au fait d'être joyeux.

Rechercher la beauté dans
la pire des circonstances
avec un but personnel
nous relie au pouvoir
de l'intention.

108

*E*xercez-vous à vous ressaisir quand vous avez une pensée sur ce que les autres veulent pour vous, et demandez-vous : *est-ce que cette attente correspond à la mienne ?*

Quand le pouvoir de l'intention fonctionne dans votre vie, votre présence fera en sorte que les autres se sentiront calmes et sûrs d'eux.

Pratiquez la gentillesse envers
la Terre en ramassant un tas
d'ordures qui se trouve sur
votre chemin, ou en disant
une prière de gratitude dans le
silence pour l'existence de la
pluie, pour la couleur des fleurs
ou même pour le livre que vous
tenez dans vos mains, qui vous
a été donné par un arbre.

La sagesse combinée avec la discipline stimule votre capacité à vous concentrer et à être patient pendant que vous harmonisez vos pensées, votre intellect et vos sentiments avec le travail de votre corps.

Ignorer le doute est une décision

qui vous reconnecte à votre

moi originel. C'est la marque

des gens qui mènent des vies

accomplies. Ils pensent sans

limites, de façon infinie.

Pour attirer et maintenir

des relations romantiques

et spirituelles, vous

devez être ce que

vous recherchez.

Même dans les pires situations,

vous pouvez appréhender

votre vie avec l'énergie de

l'appréciation et de la beauté, et

créer une opportunité pour en

transcender les circonstances.

Vous pouvez très bien choisir

de douter de ce que les autres

vous disent ou de ce que vous

expérimentez avec vos sens,

mais bannissez tout doute quand

il s'agit de savoir que la force

universelle de l'intention vous

a conçu et vous a conduit ici !

116

Chérissez l'énergie que vous partagez avec tous les êtres vivants, maintenant et dans le futur — ainsi qu'avec ceux qui ont vécu avant vous.

Il est impossible de connaître et de reconnaître votre propre perfection si vous êtes incapable de voir et d'honorer cette même perfection chez les autres.

Les circonstances de votre vie ne sont pas comme elles sont à cause d'une dette de karma ou parce que vous êtes puni. Ces circonstances sont simplement les vôtres, donc assumez simplement que vous avez participé à chacune d'elles.

Quand vous passez à un état

d'esprit d'abondance, vous vous

répétez inlassablement que

vous êtes illimité parce que

vous provenez de la réserve

inépuisable de l'intention.

La neige, le vent, le soleil

et les sons dans la nature

peuvent tous vous rappeler que

vous faites partie intégrante

du monde naturel.

En augmentant votre énergie au même niveau de vibration que le champ de l'intention, vous renforcez votre système immunitaire et augmentez la production des enzymes de bien-être dans votre cerveau.

Ne vous éloignez pas spirituellement des autres, quel que soit l'endroit où ils peuvent habiter, et même si leur apparence ou leurs coutumes peuvent différer des vôtres.

Afin de laisser naître une idée

dans votre réalité, vous devez

être prêt à faire un saut périlleux

dans l'inconcevable et à atterrir

sur vos pieds, contemplant

ce que vous voulez plutôt

que ce que vous n'avez pas.

124

À mesure que vous changez vos modèles de pensée pour élever les vibrations de votre énergie, vous commencerez à développer une relation sacrée avec les autres, laquelle est une manière de correspondre avec la Source universelle de création et d'être paisiblement joyeux.

125

En considérant votre force de

vie comme étant représentative

du pouvoir de l'intention, une

vague de détermination et de

savoir déferlera à travers vous.

Communier avec la Source

dans un état de respectueuse

gratitude pour tout ce qui est

présent dans votre vie, sachant

que cela renforce votre intention

à manifester précisément

ce dont vous avez besoin.

Le pouvoir de l'intention est partout. C'est ce qui permet à toute chose de se manifester, de grandir, et de s'approvisionner indéfiniment.

Dans une attitude de

permission, toute résistance

qui prend la forme de pensées

négatives ou de doutes est

remplacée par le simple fait de

savoir que vous et votre Source

êtes une seule et même chose.

*Q*uand vous commencez à pratiquer l'intention d'être authentique et paisible, vous ne consentez plus à être dans les énergies inférieures.

130

Au lieu d'être dans un état de
non-paix avec les membres
de votre famille, récitez plutôt
une prière de gratitude pour
les remercier de leur présence
dans votre vie et de tout ce
qu'ils vous ont enseigné.

Chaque fois que vous
ne vous sentez pas bien,
choisissez des pensées de
guérison et de bien-être.

Être hostile, haineux ou furieux envers les gens qui acceptent et tolèrent la violence, quelle que soit sa forme, contribuera seulement à encourager ce genre d'activités débilitantes dans le monde.

Ressentir l'abondance
dépasse tout l'argent
investi dans un compte
bancaire et transcende
ce que les autres peuvent
penser de vous.

*E*ssayez de ressentir ce qui rendrait les autres plus heureux et épanouis. Puis, dirigez les énergies supérieures de l'intention dans ce sens, et concentrez-vous de sorte à diffuser cette énergie, particulièrement en leur présence.

Si vous êtes irrespectueux

envers quelqu'un ou envers

toute chose que Dieu crée,

vous manquez de respect

envers la force créatrice et vous

ternissez votre connexion avec

le pouvoir de l'intention.

136

Si vous êtes motivé à servir les autres en étant authentiquement détaché du résultat, vous vous sentirez «engagé», peu importe la richesse qui vous revient.

Une fois que vous avez accepté

votre pouvoir de vous guérir et

d'optimiser votre santé, vous

devenez quelqu'un capable

de guérir aussi les autres.

Si vous vous percevez comme inférieur ou supérieur, vous vous êtes coupé du pouvoir de l'intention. Vos désirs seront vains à moins que vous ne connectiez et appuyiez d'autres gens.

Aimez ce que vous faites et
faites ce que vous aimez.
C'est aussi simple que cela.

Prenez conscience de votre identification avec le « normal » ou « l'ordinaire », et commencez à vibrer à des niveaux de fréquences énergétiques de plus en plus élevés, ce qui constitue une montée vers les dimensions extraordinaires de l'intention pure.

Peu importe ce que vous voulez faire dans la vie, faites en sorte que vos efforts soient tout d'abord motivés par quelque chose ou quelqu'un qui n'ait rien à voir avec votre désir d'être valorisé ou récompensé.

142

Lorsque vous pouvez changer
vos pensées intérieures en ce
que *vous* avez l'intention de
créer et d'attirer dans votre
vie, vous n'aurez plus à fournir
d'énergie mentale à ce que les
autres attendent de vous.

Rejetez le concept d'«ennemis». Sachez seulement que chacun de nous émane de la même Source divine.

144

À mesure que vous prenez connaissance de votre nature éternelle, vous vous trouverez dans un état de gratitude continuel devant tout ce qui se présente. Cet état est le secret pour réaliser vos propres intentions humaines.

Vouloir se sentir bien est synonyme de vouloir sentir *Dieu*. Rappelez-vous que « Dieu est bon, et tout ce que Dieu a créé est bon ».

Le secret pour manifester toute

chose que vous désirez est votre

volonté et votre aptitude à vous

recentrer afin que votre monde

intérieur soit en harmonie

avec le pouvoir de l'intention.

*S*achez qu'il y a plusieurs résultats possibles pour toute situation, même pour celle qui peut sembler impossible à surmonter.

148

Laissez aller le besoin

de votre ego à

vouloir être juste.

Le champ de l'intention permet

à toute chose de prendre forme,

et son potentiel illimité s'est

construit à partir de tout ce qui

s'est manifesté — même avant

que les douleurs initiales

de sa naissance

soient exprimées.

150

*O*bservez vos pensées, et quand elles expriment quoi que ce soit d'autre que de la compassion, changez-les !

*S*i vous demandez avec gentillesse dans votre voix et dans votre cœur « Comment puis-je vous servir ? », la réponse de l'univers sera : « Comment puis-je aussi vous servir ? »

Quand vous vous abandonnez,

vous êtes plus détendu et

vous pouvez sonder votre

âme infinie. À ce moment-là,

vous avez accès au pouvoir de

l'intention qui vous conduira

partout où vous êtes censé aller.

Évitez de voir quiconque comme ordinaire, à moins, bien sûr, que vous souhaitiez avoir plus de manifestations ordinaires dans votre vie.

Sachez que vous n'avez pas à demander moins, ou à vous sentir coupable de souhaiter l'abondance — elle est là pour vous et pour chacun, en quantité illimitée.

S'il y a une tendance à l'intérieur de vous à voir les autres comme des perdants, vous avez besoin de percevoir cette tendance comme un constat de ce que *vous* attirez dans votre vie.

156

*E*n suivant la voie où il y a moins de résistance, le succès n'est plus désormais quelque chose que vous *choisissez*; c'est ce que vous êtes. L'abondance ne vous échappe plus.

Plutôt que de vous intéresser à vouloir gagner un débat, à vous faire des alliés et à essayer de persuader les autres à penser comme vous, soyez convaincant seulement par l'énergie positive que vous dégagez.

Commencez à remarquer la fréquence de toutes les pensées liées à l'idée de la maladie comme quelque chose qui va arriver — et éliminez-les de votre esprit.

Être créatif signifie que vous faites confiance à votre destinée et que vous avez une attitude intransigeante à l'égard de l'intention dans vos pensées et dans vos activités quotidiennes.

Le génie est une caractéristique
de la force créatrice qui permet
à toute création matérielle
de prendre forme. C'est
une expression du divin.

Ayez la conviction absolue

que vous êtes en harmonie

vibratoire avec la force toute-

créatrice qui vous a destiné ici.

162

*S*oyez un appréciateur plutôt qu'un dépréciateur de tout ce qui se présente dans votre vie. Dites « Merci, mon Dieu » pour tout.

Le monde de l'Esprit, à partir duquel tout est destiné, travaille dans la paix, l'amour, l'harmonie, la gentillesse et l'abondance, et c'est là où vous pouvez choisir de vous retrouver à l'intérieur de vous.

164

La force universelle
de l'intention ne se
plaint jamais ; elle crée
et offre ses options
pour la grandeur.

En vous voyant comme un être infiniment spirituel ayant une expérience humaine, plutôt que l'inverse, cela entraînera une connexion permanente à l'abondance et à la réceptivité de la Source universelle qui a voulu toute création sous une forme provisoire.

Soyez conscient du fait que

vous avez le pouvoir de changer

l'énergie dans vos relations avec

votre famille et vos amis grâce

au pouvoir de l'intention.

La vie en elle-même est éternelle, et vous venez de ce *rien* appelé la vie. Votre habileté à vous connecter à l'éternel et à la vie dans l'ici et le maintenant déterminera si vous restez connecté au pouvoir de l'intention.

168

La capacité à vous voir à travers

l'humanité tout entière est une

caractéristique de la relation

sacrée. Il s'agit de la capacité

à célébrer et à honorer dans

les autres cette place où nous

ne sommes plus qu'un.

Honorez le temple physique qui vous héberge en mangeant sainement, en faisant de l'exercice, en écoutant les besoins de votre corps, et en le traitant avec dignité et amour.

170

Les choses que vous

possédez ne sont pas

vous. Pour cette raison,

vous devez éviter de vous

y attacher de quelque

manière que ce soit.

Vous *pouvez* devenir très habile

à élever votre niveau d'énergie et

à éliminer de façon permanente

les manifestations énergétiques

qui affaiblissent ou qui freinent

votre connexion à l'intention.

En étant paisible, calme et ouvert d'esprit, vous vous modelez sur l'image de Dieu et vous retrouvez le pouvoir de votre Source.

173

*C'*est seulement la discorde

dans vos propres sentiments qui

vous prive de toutes les bonnes

choses que la vie vous réserve.

Si vous comprenez cette simple

observation, vous restreindrez

les interférences à l'intention.

Voyez le monde comme un endroit prolifique, rassurant et amical. Si vous le percevez ainsi, vous découvrirez un monde qui veut votre réussite et votre prospérité, plutôt qu'un monde qui conspire contre vous.

Apprenez à être à l'aise
avec le concept de
l'infinité, et voyez-vous
comme un être infini.

176

Lisez les livres qui se présentent

mystérieusement dans votre

vie, et prêtez attention aux

conversations qui semblent vous

indiquer que vous êtes appelé

à quelque chose de nouveau.

177

*S*i vous laissez vos désirs naître

paisiblement dans votre esprit

et dans l'esprit de l'intention, ce

que vous désirez se matérialisera

dans le monde physique.

*E*xercez votre imagination (laquelle est l'Esprit universel circulant à travers vous) à passer de ce que vous ne *voulez pas* à ce que vous *voulez*.

Pratiquez l'humilité radicale quand il s'agit de vos exploits, et accordez-en le mérite à tout (excepté à votre ego).

Quand les énergies de la gentillesse, de l'amour, de la réceptivité et de l'abondance sont présentes dans vos relations, vous avez introduit l'amour du Créateur directement dans le mélange.

Plus vous manifestez votre amour — même à ceux qui vous ont blessé d'une manière quelconque —, plus vous vous approchez d'*être* amour. Et c'est dans cet état d'être amoureux que l'intention se manifeste.

182

Si vous êtes souffrant,
ne demandez pas à être
guéri ; demandez plutôt
à retrouver la perfection
à partir de laquelle
vous avez émané.

L'amour crée de nouvelles formes, change la matière, et maintient le cosmos ensemble au-delà du temps et de l'espace. Il est dans chacun de nous. Il est ce que Dieu est.

Si vous pouviez ressentir le pouvoir de l'intention, vous constateriez qu'il croît sans cesse, confiant en lui-même, parce que c'est un pouvoir formateur si infaillible qu'il ne rate jamais sa cible.

Le libre arbitre signifie que vous avez le choix de vous connecter avec l'Esprit ou de ne pas le faire.

Dans cet univers, qui a été créé par une intelligence divine et organisée, il n'y a simplement pas de hasard.

Rappelez-vous qu'en élevant

votre propre énergie à un

niveau où vous êtes en

harmonie avec l'intention,

vous devenez un instrument,

ou un canal, de paix.

188

Traitez les autres et vous-même avec gentillesse lorsque vous mangez, pratiquez un exercice, jouez, travaillez, aimez, ou faites toute autre chose.

Il n'y a pas de hasard. Vous êtes ici pour poursuivre le but que vous vous êtes fixé avant d'entrer dans le monde des particules et de la forme.

Reliez-vous à l'intention,
utilisez votre petite voix
intérieure pour rester concentré
sur ce que vous avez l'intention
de créer, et vous retrouverez
le pouvoir de votre Source.

Lorsque vous amenez les fréquences de l'intention en présence des autres, ils se sentent stimulés juste en étant dans votre environnement immédiat. Vous n'avez pas besoin de dire un mot.

*C'*est un vieux concept,

mais il n'en est pas

moins vrai pour autant :

nous sommes tous égaux

aux yeux de Dieu.

Simplifiez votre vie. Éliminez de votre conscience les complications, les règles, les « je devrais », les « je suis obligé », les « je dois », et ainsi de suite.

Vous pouvez soit activer

des pensées qui vont vous

stresser, soit activer des

pensées qui rendront le stress

impossible. C'est votre choix.

Élargissez votre réalité

au point où vous exercez

ce que vous aimez

faire et y excellez.

196

Il faut beaucoup plus de courage, de force de caractère et de conviction intérieure pour pardonner qu'il en faut pour demeurer attaché à des sentiments d'énergie inférieure.

Lorsque vous êtes au milieu
d'une dispute, demandez-vous :
est-ce que je veux avoir raison
ou être heureux ? Quand vous
choisissez la joie, l'amour et le
mode spirituel, votre connexion
à l'intention est renforcée.

Si vous croyez ne pas être digne

de réaliser vos intentions par

rapport à la santé, la richesse

ou les relations amoureuses,

vous créez alors un obstacle

qui empêchera le courant

d'énergie créatif de circuler

dans votre vie quotidienne.

Les gens qui se sentent

réconfortés par votre présence

deviennent des âmes sœurs.

Cela peut seulement se

produire s'ils se sentent en

sécurité plutôt qu'attaqués,

rassurés plutôt que jugés,

calmes plutôt que harcelés.

Quand vous pratiquez
l'intention avec rigueur,
vous vous reliez aux
intentions de l'Esprit
universel tout-créatif.

*R*efusez que votre bien-être soit affecté par toute chose extérieure à vous-même — que ce soit le temps à l'extérieur, la guerre à un endroit sur le globe, l'économie, et certainement pas la décision de quelqu'un d'autre qui se complaît dans des énergies inférieures.

202

Si vous pensez que vous ne pouvez créer l'abondance, vous verrez l'intention s'accorder avec vous et vous assister dans une réalisation aussi maigre que votre espoir.

Il y a un million de gestes de gentillesse qui s'accomplissent dans le monde à tout moment. Si vous vous voyez comme une création divine, vous vous en souviendrez lorsque vous regarderez autour de vous, et les gens systématiquement négatifs et sombres n'auront aucun impact sur vous.

204

*E*xercez-vous à être infiniment patient; n'étant jamais mécontent de la vitesse ou de la manière dont vos intentions se manifestent.

Plusieurs relations échouent parce qu'un partenaire ou les deux croient que leur liberté a été compromise d'une certaine manière. Par ailleurs, une relation spirituelle ne consiste jamais à faire sentir une autre personne inférieure ou ignorée de quelque manière que ce soit.

En passant d'une pensée qui

affaiblit à une qui fortifie,

vous élevez la vibration de

votre énergie, et vous vous

renforcez vous-même ainsi que

le champ d'énergie immédiat.

Quand vous rencontrez quelqu'un, considérez l'évènement comme une rencontre sacrée. Rien ne peut être accompli sans se rattacher de façon positive aux autres.

208

Profitez des occasions pour vous dire : *je me sens bien. J'ai l'intention d'attirer encore plus ce bon sentiment, et j'ai l'intention de le transmettre à quiconque en a besoin.*

Votre capacité d'émerveillement par rapport à tous les miracles que vous percevez autour de vous vous permet de penser, de voir et de vivre encore plus de ces évènements miraculeux. À l'inverse, un état d'ingratitude arrête ce courant infini.

210

Si vous faites l'expérience du manque, de l'angoisse, de la dépression et de l'absence d'amour — ou de toute incapacité d'attirer ce que vous désirez —, examinez sérieusement la façon dont vous avez attiré ces circonstances dans votre vie.

211

Dieu est l'Esprit à travers lequel vous pensez et existez. Il est toujours connecté à vous, même si vous n'y croyez pas. Même un athée n'a pas besoin de croire en Dieu pour faire l'expérience de Dieu.

Quand vous êtes dans un

état de joie et de bonheur,

vous êtes retourné dans

la joie pure, créative,

merveilleuse et impartiale

qu'est la véritable intention.

L'Esprit universel était et est informe — il est la pure énergie de l'amour, de la beauté, de la gentillesse et de la créativité, et elle ne peut mourir. Il n'a pas de formes, ni de mort, ni de frontières, ni de détérioration, ni de chair, et aucune possibilité de déperdition.

Quand vous êtes inspiré,

vous activez des forces

dormantes, et l'abondance

que vous recherchez,

quelle que soit la forme,

coule à flots dans votre vie.

L'Esprit universel accomplit son travail paisiblement, et vos tentatives à précipiter ou à forcer qu'une nouvelle vie atteigne son plein épanouissement détruiront le processus entier. Ayez donc confiance en cette sagesse à suivre son propre rythme, et ne réclamez rien d'elle.

216

*S*oyez conscient que le fait d'apprendre à reconnaître les manières par lesquelles vous créez vos propres obstacles peut être extrêmement instructif.

Impliquez-vous dans des niveaux d'énergie plus élevés de confiance, d'optimisme, de reconnaissance, de respect, de joie et d'amour, quelle que soit l'activité dans votre vie à laquelle vous participez.

L'un des moyens les plus efficaces pour transcender l'*ordinaire* et entrer dans le domaine de l'*extraordinaire* est de dire *oui* plus fréquemment, et d'éliminer le *non* presque complètement. C'est fondamentalement *dire oui à la vie.*

*A*yez des pensées bienveillantes
à l'égard de chaque personne
dans votre vie. Quand vous
agissez ainsi, vous découvrirez
que ces pensées positives vous
reviennent naturellement.

Quand vous examinez les incidents générateurs de stress, vous avez toujours le choix de privilégier les pensées qui suscitent de l'anxiété à l'intérieur de vous ou d'activer celles qui les rendent impossibles.

Même lorsque rien

ne semble indiquer

que vous accomplissez

ce que vous désirez

dans votre vie, refusez

d'entretenir le doute.

222

Vous devez *être ce que*
vous recherchez — cela
veut dire que vous devez
toujours mettre en avant
ce que vous voulez attirer.

Quand vous vous sentez bien, vous êtes connecté au pouvoir de l'intention, peu importe ce qui se passe autour de vous ou ce que les autres s'attendent que vous sentiez.

Imaginez les membres de votre famille avec qui vous n'êtes pas en bons termes, et sentez la paix que vous souhaitez pour eux. Votre dialogue intérieur va changer, et vous commencerez à vivre les relations que vous désirez.

Votre but est entre vous et votre Source, et plus vous vous approchez de ce qu'est et fait ce champ d'intention, plus vous saurez que vous avez été délibérément guidé.

Comportez-vous comme si ce que vous avez l'intention de manifester dans votre vie est déjà une réalité.

Nuit et jour, rêvez à ce que vous

avez l'intention de faire et à ce

que vous avez l'intention d'être,

et ces rêves vont interpréter

vos intentions. Ne laissez pas

le doute se glisser dans vos

rêves et dans vos intentions.

Plus votre champ
d'énergie résonne
haut, plus vous avez la
capacité d'influencer les
autres avec votre propre
énergie de guérison.

Vous ne reconnaîtrez pas votre aspect génial si vous avez été conditionné à accepter votre sort dans la vie, à penser petit, et à ne pas viser trop haut pour éviter les déceptions.

230

Être offensé crée la même

énergie destructrice qui vous

a offensé au départ — alors

transcendez votre ego

et restez en paix.

Des prières, des peintures, des cristaux, des statues, des passages spirituels dans des livres, les couleurs sur vos murs, et même l'arrangement de vos meubles peuvent tous créer l'énergie qui vous élève plutôt que de vous rabaisser.

Trouvez quelque chose que vous aimez dans tous les domaines des activités humaines et créatives, et travaillez toujours à élargir vos propres horizons.

Pratiquez des activités dont les champs d'énergie sont élevés, par exemple en participant à des conférences sur la spiritualité, en suivant des cours de yoga, en donnant ou en recevant des massages, en visitant des monastères ou des centres de méditation, en faisant du bénévolat ou en aidant les autres d'une certaine manière.

À chaque moment de votre vie, souvenez-vous que chacune de vos pensées a un impact sur vous.

Chaque matin, prononcez cette affirmation : *j'attire seulement la paix dans ma vie*. Quand vous le faites, les gens vous prodigueront des sourires, des remerciements, des gestes amicaux et des salutations aimables toute la journée.

236

Choisissez de voir la mort comme si vous enleviez simplement un vêtement ou vous vous déplaciez d'une pièce à une autre — c'est une simple transition.

Ne dépensez pas d'énergie mentale sur ce que les autres pensent de la manière dont vous devriez mener votre vie. Cela peut être une tâche difficile au début, mais vous serez heureux du changement quand il arrivera.

Les qualités de la créativité
et du génie sont à
l'intérieur de vous ; elles
attendent que vous preniez
la décision de vous allier
au pouvoir de l'intention.

Si vous voulez vraiment l'approbation d'autrui, cessez de penser à vous et appliquez-vous à tendre la main et à aider les autres.

Croyez fermement au potentiel
de l'être humain à vivre en
paix et à être réceptif à tout,
et vous serez quelqu'un qui
vit en paix et qui est ouvert
aux possibilités de la vie.

Vous ne pouvez remédier à quoi
que ce soit en le condamnant.
Vous ajoutez seulement à
l'énergie destructrice qui
s'est déjà imprégnée dans
l'atmosphère de votre vie.

Soyez persuadé qu'en vous fiant continuellement à votre imagination, vos idées vont se matérialiser dans la réalité.

À l'intérieur de vous se trouve une âme infinie et passionnée qui souhaite s'exprimer. C'est le Dieu à l'intérieur de vous, qui vous pousse à accomplir le sens profond de votre destinée.

244

L'éternité est maintenant! Ici et maintenant, vous êtes un être infini. Une fois que vous surmontez la peur de la mort et comprenez qu'elle n'est pas une fin en soi, vous fusionnez avec l'infini et ressentez le confort et le soulagement que cette réalisation apporte.

Considérez chaque
expérience vécue
et chaque personne
ayant déjà joué un rôle
dans votre vie comme
vous étant envoyé
pour votre bien.

Vous avez la capacité de
vous unir au pouvoir de
l'intention et d'attirer
les personnes idéales
et les relations divines
dans votre vie.

Regardez-vous dans le miroir

au moins une fois par jour

et rendez grâce à Dieu pour

votre cœur qui bat sans cesse

et pour la force invisible qui

permet à votre cœur de battre.

248

Être réceptif implique

de permettre à votre

« Partenaire supérieur »

de gérer votre vie

à votre place.

Les pensées de très faible énergie sont manifestes si vous utilisez chaque conversation comme une excuse pour parler de vous-même. Tout comportement similaire à celui-ci démontre une énergie dominée par l'ego, ce qui est une façon plutôt déplaisante d'affecter les autres.

250

En étant assez courageux
pour faire amende
honorable auprès de
vos soi-disant ennemis,
vous vous respecterez
encore plus qu'en
invoquant le pardon.

251

Il n'y a pas de perdants dans un monde où l'on partage tous la même source d'énergie. Tout ce que vous pouvez dire est que, au gré des jours, vous vous êtes accompli à un certain niveau en comparaison de celui des autres.

Le fait de se sentir exclu ou au mauvais endroit peut être dû à un manque d'estime de soi. Respectez-vous ainsi que votre divinité en sachant que chacun est à sa place. Cela ne devrait jamais être remis en question.

Souvenez-vous qu'à chaque instant de votre vie, vous avez le choix d'être soit l'hôte de Dieu, soit l'otage de votre ego.

Commencez à voir le monde en privilégiant des points de vue potentiellement optimistes plutôt que des pronostics négatifs de pessimistes et de « victimes ».

Soyez reconnaissant des aptitudes que vous avez reçues et des biens que vous avez acquis, mais donnez tout le mérite au pouvoir de l'intention qui vous a amené à l'existence et dont vous êtes une preuve concrète.

Vos sentiments sont des indices de votre destinée et de votre potentiel, et ils cherchent à exprimer pleinement la vie à travers vous.

Votre niveau d'estime de soi doit venir de la connaissance à l'intérieur de vous-même d'une connexion sacrée. Ne laissez rien ébranler cette divine fondation.

Soyez toujours conscient que vous avez le pouvoir de créer la vie que vous désirez ; naturellement libre de stress et tranquille.

Soyez généreux dans
tous les secteurs de votre
vie. Plus vous donnez
de vous-même et de ce
qui afflue vers vous, plus
vous recevrez en retour.

Vous ne devez pas
travailler pour être en
santé; la santé est quelque
chose que vous avez déjà,
si vous ne la troublez pas.

En vivant en harmonie avec l'Esprit, vous ne vous verrez jamais comme séparé. Cette conscience est la clé pour être témoin de l'œuvre du pouvoir de l'intention sur une base quotidienne.

262

Ne laissez pas les sentiments que les autres portent à votre égard prédominer sur l'opinion que vous avez de vous-même. Si vous avez permis que les pensées et les opinions négatives à votre endroit deviennent la fondation de votre autoportrait, vous demandez à la pensée universelle d'en faire autant.

Chaque fois que vous expérimentez des pensées qui vous rendent malade ou inconfortable, faites de votre mieux pour les remplacer par des pensées qui soutiennent l'idée de bien-être.

264

Lorsque vous éliminez de vos pensées le concept de séparation, vous commencez à sentir votre lien avec toute chose et chacun. Vous acquérez un sens d'appartenance, lequel vous permet d'ignorer toute pensée de scission.

Résistez à l'envie de juger

les autres en fonction

de leur apparence, leurs

réalisations et leurs biens.

Vous vivez dans un univers qui a un potentiel sans limites pour apporter la joie intrinsèque au processus de création. Votre Source, l'Esprit universel de l'intention, vous adore au-delà de tout ce que vous pouvez imaginer.

Prenez note d'affirmations positives et lisez-les régulièrement. Le fait de les écrire va imprimer ces pensées dans votre esprit et produire un effet de longue durée.

268

Vous obtenez ce que vous avez l'intention de créer en étant en harmonie avec le pouvoir de l'intention, lequel est responsable de toute la création.

269

Abandonnez l'idée que vous êtes un corps destiné à mourir et recherchez à la place une conscience de votre moi immortel.

Soyez proactif. Restez conscient des signes de synchronicité et ne les ignorez jamais.

Vos élans créateurs sont réels, vitaux et louables, et ils ont besoin d'être exprimés. Le fait que vous pouvez les générer en est la preuve.

Prononcez cette affirmation : *Je suis éternel, et cela veut dire que je suis arrivé ici grâce à l'infinitude de l'intention spirituelle pour accomplir un destin sur lequel je dois agir.*

Quand vous utilisez l'unicité

de votre individualité pour

accomplir des tâches, vous

constaterez que vous pouvez

créer tout ce sur quoi vous

vous concentrez et imaginez.

274

Sachez que tout se produira au moment opportun, au parfait endroit, avec exactement les bonnes personnes.

Dites : «Je veux me sentir bien » lorsque vous êtes tenté de céder à des pensées de faible énergie.

276

Considérez les obstacles comme des moyens de faire circuler votre inflexible pouvoir de l'intention. Cela signifie d'avoir la conscience tranquille, en vous détachant des circonstances et en vous voyant comme l'observateur plutôt que la victime.

Laissez les autres débattre de votre réputation ; cela n'a rien à voir avec vous. Ou comme le titre d'un livre le dit... *Ce que vous pensez de moi n'est pas de mes affaires !**

---

* Ce livre n'est disponible qu'en anglais, sous le titre : *What You Think of Me Is None of My Business!*

Se sentir vraiment prospère

est possible quand vous

vous détachez des choses

que vous désirez et leur

permettez d'arriver à

vous — et à *travers* vous.

Les vibrations musicales

discordantes et violentes avec

des sons forts et répétitifs

abaissent votre niveau d'énergie

et vous affaiblissent, ainsi que

votre habileté à vous relier

consciemment à l'intention.

Votre idée que tout est provisoire et que vous n'êtes pas une partie de l'infinie perfection de Dieu peut vous amener à douter de vous-même, à l'anxiété, au rejet de soi et à la dépression. Tout ce qu'il faut est un changement vers l'infinie conscience pour laisser cette souffrance derrière.

La vengeance, la colère et la haine sont des énergies excessivement faibles qui vous empêchent de vous relier aux attributs de la force universelle.

Rappelez-vous que tout
se résume au fait d'être en
harmonie avec votre Source.
Vos pensées peuvent émerger
d'un état d'être qui est soit
en lien avec l'intention, soit
en contradiction avec elle.

Trouvez toujours quelque chose à apprécier, que ce soit la beauté de la nuit étoilée, une grenouille sur une feuille de nénuphar, un enfant qui rit, ou l'éclat et la splendeur naturelle des personnes âgées.

284

Étant donné que votre Source est toujours en train de servir et de donner et que vous êtes votre Source, vous devez donc toujours être prêt à aider et à donner.

285

*Q*uand vous pensez,
sentez et agissez avec
bienveillance, vous
accélérez votre capacité
à vous relier au pouvoir
de l'intention.

Lorsque vous êtes connecté au pouvoir de l'intention, vous penserez et sentirez vraiment que toute forme de maladie courante n'a jamais été présente, et que vous êtes déjà guéri.

Faites de la générosité une façon de vivre. Après tout, c'est ce que votre Source et votre nature sont destinées à faire pour l'éternité.

*S*oyez conscient de votre

lien infini avec votre Source.

Sachez que vous êtes plus que

l'incarnation d'un agrégat

d'os, de sang et d'organes

dans un corps recouvert

de peau et de poils.

Lorsque vous cessez d'avoir besoin de tout, ce que vous désirez semble affluer davantage dans votre vie.

290

Le sentiment de supériorité vous incite à être constamment choqué d'une façon ou d'une autre. Cette identification erronée est la source de la plupart de vos problèmes, ainsi que celle de la plupart des problèmes de l'humanité.

Le fait d'être en présence de personnes exprimant de hautes fréquences provoque un sentiment d'unité et de connexion avec toute la nature et l'humanité, ainsi qu'avec le pouvoir de l'intention.

Quelle que soit l'attitude que vous avez envers le monde en général, celle-ci est un bon indice du respect que vous témoignez à l'égard de vos capacités à projeter ce que vous désirez dans ce monde.

Vous ne pouvez attirer la beauté dans votre vie en détestant tout ce que vous vous êtes permis de devenir. Pourquoi? Parce que la haine crée une «contre-force» qui renie tous vos efforts.

Réalisez que vous avez

besoin de peu pour être

satisfait et en paix.

Si vous devenez ce que vous pensez, et si vous pensez à ce qui ne va pas avec le monde et à quel point vous êtes furieux, honteux et effrayé, il va sans dire que vous allez donner suite à ces pensées et devenir ce que vous pensez.

Éliminez les pensées de conditions, de restrictions, ou la possibilité que quelque chose ne se manifestera pas.

Faites simplement
confiance à votre capacité
à joyeusement compter
sur l'Esprit pour qu'il
s'exprime à travers
vous et pour vous.

Il n'y a pas de stress réel ou d'anxiété dans le monde; vos pensées créent ces fausses croyances.

Gardez une image
concrète dans votre
esprit de la tâche que
vous voulez accomplir,
et refusez de laisser cette
intention disparaître.

Demeurez en harmonie avec le champ de l'intention pour aider à stabiliser et à harmoniser les forces de l'univers qui peuvent être perturbées quand vous faites preuve d'égocentrisme excessif.

Détachez-vous de toutes les choses qui surviennent dans votre vie en ne demandant pas qu'elles restent, partent ou apparaissent au gré de vos fantaisies.

302

En prenant consciemment
la décision de chasser
l'inquiétude de votre esprit,
vous avez déclenché le
processus de réduction de
stress tout en connectant
simultanément au champ de
l'intention toute-créatrice.

Le respect de soi devrait être

un état naturel pour vous,

tout comme il l'est pour

l'ensemble du royaume

animal. Il n'y a aucun raton

laveur qui se croit indigne

de ce à quoi il est destiné.

Activer l'intention signifie de se rallier à votre Source et de devenir un sorcier des Temps modernes. Cela implique d'atteindre le niveau de conscience où des choses auparavant inconcevables deviennent possibles.

Toutes les pensées stressantes représentent une forme de résistance que vous souhaitez éradiquer. Changez ces pensées en contrôlant vos émotions et en optant pour la joie plutôt que l'anxiété.

306

Sachez que les bons livres,

animaux, emplois, choses

et personnes — toute

chose — vont se présenter

pour vous assister dans

chaque aspect de votre vie.

Les gens poussés par le pouvoir de l'intention ont une forte volonté, et ils ne permettent pas que quoi que ce soit vienne s'interférer dans l'accomplissement de leur désir intérieur.

308

*S*achez ceci : vous ne pouvez

vous attendre à attirer dans

votre vie des gens gentils,

confiants et généreux si vous

pensez et agissez de manière

cruelle, médiocre et égoïste.

Vous n'êtes pas les éléments qui constituent votre corps; vous vous servez simplement des éléments. Vous évoluez au-delà de l'espace et du temps, et vous fusionnez avec l'Esprit universel infini.

310

Vous n'avez besoin d'aucun autre régime, manuel d'entraînement ou entraîneur personnel. Allez à l'intérieur de vous-même, écoutez votre corps, et traitez-le avec toute la dignité et l'amour que nécessite le respect de soi.

Quand la suprématie de l'ego ne domine plus votre vie, vous pouvez alors rechercher le pouvoir de l'intention et maximiser votre potentiel.

Recherchez chez les autres quelque chose à apprécier et soyez prêt à le communiquer, et ce, à quiconque est disposé à écouter.

Rappelez-vous chaque jour votre nature infinie. En demeurant continuellement conscient et éveillé à cette infinitude, vous serez alors en mesure de manifester vos désirs.

Plus vous donnez de vous-même, plus vous ouvrez la porte à l'abondance.

Considérez tous vos buts et activités comme des fonctions de votre imagination en train de travailler, de vous guider, de vous encourager, et même de vous pousser dans la direction que l'intention avait choisie pour vous quand vous étiez encore dans un état non manifeste.

316

L'Esprit donne la vie et chacun sur cette planète est doté de l'Esprit intérieur qui agit comme une force toute-puissante au service du bien.

Si une amitié ou une association requiert de transgresser votre moi et votre dignité, ce n'est pas vraiment une amitié.

318

Vous et votre pouvoir de l'intention n'êtes pas séparés ; alors, lorsque vous formez une pensée qui est alignée avec l'Esprit, vous créez un prototype spirituel qui met en mouvement la manifestation de vos désirs.

Plus vous vous élevez dans

l'incarnation de la sagesse

et de la conscience de Dieu,

plus vous pouvez neutraliser

les énergies inférieures.

Quand vous êtes une porte ouverte, n'étant jamais fermé aux possibilités, vous serez totalement réceptif à l'abondance qui coule sans cesse.

Plus vous devenez conscient de votre dialogue intérieur, plus vous serez capable de passer rapidement d'une pensée du type « je suis contrarié par ce qui me manque » à une pensée telle que : « j'ai l'intention d'attirer ce que je veux et d'arrêter de penser à ce que je n'aime pas ».

Toute chose et toute personne dans votre histoire personnelle devaient être là au moment où elles y étaient. Et quelle est la preuve de cela ? C'est qu'elles y étaient ! C'est tout ce dont vous avez besoin de savoir.

Soyez bon envers vous-même. Vous êtes une manifestation de Dieu, et c'est une raison suffisante pour vous traiter avec bienveillance.

324

Une simple pensée de pardon
envers quelqu'un qui vous a
mis en colère dans le passé
vous élèvera au niveau de
l'Esprit et vous aidera dans
vos intentions personnelles.

*E*n ce qui concerne l'abondance, l'une des façons les plus efficaces d'augmenter ce pouvoir d'attraction de l'intention vers vous est de détourner votre attention des dollars et de la focaliser pour générer l'abondance sur les plans de l'amitié, de la sécurité, du bonheur, de la santé et de l'énergie supérieure.

Votre imagination est le concept de l'Esprit à l'intérieur de vous ; c'est le Dieu en vous. C'est le lien de connexion invisible pour manifester votre propre destinée.

Vous avez un cadeau exceptionnel à offrir à ce monde, et vous êtes unique dans toute l'histoire de la création.

Laisser aller signifie que vous ignorez les tentatives des autres pour vous dissuader. Dans une attitude de laisser-aller, toute résistance à des pensées empreintes de négativité ou de doute fait place à la simple conviction que vous et votre Source ne faites qu'un.

329

Soyez reconnaissant pour le merveilleux cadeau d'être capable de servir l'humanité, votre planète et votre Dieu.

330

On vous a doté d'un corps
parfait pour loger votre être
intérieur invisible. Quelle que
soit sa grandeur, sa forme,
sa couleur ou son infirmité,
ce corps est une création
divine servant au but pour
lequel il a été destiné.

331

Comprenez votre essence

véritable, regardez la mort bien

en face, et brisez les chaînes

qui vous rendent esclave de

cette peur. Après tout, *si vous*

n'êtes pas un être infini, quel

serait le but de votre vie?

Les récompenses personnelles se multiplient lorsque vous êtes déterminé à donner plutôt qu'à recevoir. Tombez amoureux de ce que vous faites ; et, ensuite, « vendez » ces sentiments d'amour, d'enthousiasme et de joie générés par vos efforts.

*E*xercez-vous à demeurer dans un état de silence et de méditation. Rien n'est plus efficace pour soulager le stress, la dépression, l'anxiété et toutes formes d'énergie inférieure.

L'idée de séparation de l'ego vous encourage à fonder votre valeur sur la fréquence de vos victoires. En tant qu'otage de votre ego, l'estime de soi est inaccessible parce que vous vous sentez jugé par vos échecs.

Prenez la décision d'écouter attentivement vos intuitions intérieures, peu importe à quel point vous les avez jugées petites ou insignifiantes auparavant.

Dans un état de joie, vous vous sentez accompli et inspiré dans toutes les facettes de votre vie. Bref, se libérer de l'anxiété et du stress est un moyen de se réjouir du champ de l'intention.

Il est impossible d'être un

jour déconnecté de la

Source d'où vous provenez.

Ne vous accordez aucun

mérite pour vos talents,

capacités intellectuelles,

aptitudes ou compétences.

À la place, soyez dans

un état de respect

et de gratitude.

Chaque jour, vous pouvez
vous sentir utile en prenant un
moment pour encourager un
employé mécontent, pour faire
rire un enfant, et même pour
ramasser un tas de détritus
et le jeter à la poubelle.

Refusez de parler de maladie, et travaillez à activer des pensées qui prédisent la guérison et le bien-être général.

Il n'existe pas de choses telles que la chance ou le hasard dans cet univers déterminé. Chaque chose est non seulement liée à tout ce qui existe, mais personne n'est exclu de la Source universelle appelée l'« intention ».

342

Répétez-vous sans cesse ceci :

Je ne suis pas mon corps.

Je ne suis pas mes richesses.

Je ne suis pas mes réalisations.

Je ne suis pas ma réputation.

Je suis entier et parfait tel que

j'ai été créé.

343

Votre mission n'est pas

nécessairement d'accomplir

une tâche précise ou d'exercer

une profession particulière.

Il s'agit de partager ce que

vous êtes d'une manière

créative et affectueuse en

utilisant les habiletés et

les préférences qui font

intrinsèquement partie de vous.

Libérez-vous de votre besoin de vous sentir supérieur en voyant le déploiement de l'Esprit en chacun.

Le fait de vous sentir mal ne sert qu'à vous plonger dans l'anxiété, le désespoir, la dépression et le stress. Dans de telles situations, demandez-vous à ce moment-là quelle serait la pensée qui pourrait vous faire sentir bien.

Maintenez un état de gratitude

et de respect. La gratitude est

le moyen le plus sûr d'arrêter

le perpétuel dialogue intérieur

qui vous éloigne de la joie et

la perfection de la Source.

Prenez la résolution intérieure de vous respecter et de vous sentir digne de tout ce que l'Univers a à offrir. Manquer de respect envers vous-même n'est pas seulement irrévérencieux envers l'une des plus grandes créations de Dieu, mais aussi envers Dieu lui-même.

348

Cessez d'espérer, de prier et de quémander pour que les bonnes personnes se présentent dans votre vie. Sachez que vous avez le pouvoir de les attirer pourvu que vous soyez capable de remplacer l'énergie de l'ego par la toute-généreuse Source de l'intention.

Écoutez attentivement

vos pensées intérieures,

peu importe à quel point

vous les jugez petites

ou insignifiantes.

L'inspiration vient du fait de retourner *vers l'Esprit* et de connecter avec le pouvoir de l'intention. Quand vous vous sentez inspiré, ce qui semblait être un risque devient le chemin que vous vous sentez obligé de prendre.

Les pensées agitées qui produisent de l'hypertension artérielle, un estomac fragile, des sentiments d'inconfort persistants, une incapacité à dormir et de fréquentes manifestations d'indignation violent votre état naturel.

352

La méditation est une manière de vous assurer que vous demeurez dans un état de respect de soi. Quoi qu'il se passe autour de vous, lorsque vous entrez dans cet espace sacré de méditation, tous les doutes sur votre valeur en tant que création estimée s'évanouissent.

Soyez à l'écoute de votre dialogue intérieur et harmonisez vos pensées avec ce que vous voulez et ce que vous avez l'intention de créer.

Votre imagination crée l'image intérieure qui vous permet de *participer* à l'acte de création. C'est le lien invisible connecté à la manifestation de votre propre destinée.

*C*haque personne est un enfant de Dieu — chaque personne ! Essayez de le voir même chez ceux qui agissent de façon apparemment mécréante.

356

En étant authentiquement

reconnaissant de toutes

les bontés que vous

avez en ce moment,

ainsi que des épreuves,

vous commencerez à

attirer davantage de

bontés dans votre vie.

Simplement en consommant des substances de faible énergie, vous vous rendrez compte que des gens semblables, de faible énergie, se présenteront dans votre vie. Ils voudront acheter ces substances pour vous, fêter avec vous pendant que vous planez, et ils vous pousseront à le faire de nouveau dès que votre corps sera rétabli.

358

Écrivez l'affirmation suivante et répétez-la inlassablement : *je suis le reflet de ma Source, laquelle est magnifique à tous les égards.*

Exercez-vous à vouloir pour les autres ce que vous voulez pour vous-même. De cette façon, chacun en bénéficiera.

Dormez et rêvez de joie, et souvenez-vous par-dessus tout que « vous vous sentez bien, non pas parce que le monde est juste, mais votre monde est juste parce que vous vous sentez bien ».

Prenez des mesures constructives pour mettre en application vos penchants intuitifs intérieurs.

Choisissez d'avoir une étroite relation avec les gens qui vous rendent plus fort, qui font appel à votre sens de connexion à l'intention, qui voient la splendeur en vous, et qui se sentent liés à Dieu.

Les personnes hautement réalisées apprennent à *penser en partant de la fin* — c'est-à-dire qu'ils font l'expérience de ce qu'ils souhaitent réaliser avant que cela se produise sous une forme matérielle.

364

*S*i la vie est infinie,

alors ce n'est pas la vie.

Comprendre ce concept

vous liera de façon

permanente à la Source

de création infinie qui

prévoit toute chose.

Rappelez-vous : *quand vous changez votre façon de regarder les choses, les choses que vous regardez changent*. La manière dont vous percevez le monde est un outil extrêmement puissant qui va vous permettre de pleinement introduire le pouvoir de l'intention dans votre vie.

À PROPOS DE L'AUTEUR

Wayne W. Dyer, Ph.D., est un auteur internationalement reconnu et un intervenant dans le domaine du développement personnel. Il est l'auteur de trente livres, il a créé de nombreux programmes sur CD audio et des vidéos*, et a participé à des milliers d'émissions de radio et de télévision. Ses livres, *Manifest Your Destiny, La sagesse des anciens, Il existe une solution spirituelle à tous vos problèmes,* incluant les livres à succès du *New York Times,* notamment *10 Secrets for Success and Inner Peace, Le pouvoir de l'Intention,* et *Inspiration,* ont tous été présentés dans le cadre d'émissions spéciales à la télévision nationale publique.

Dyer détient un doctorat en orientation pédagogique de la Wayne State University et a été professeur adjoint à la St. John's University à New York.

Site Web : **www.DrWayneDyer.com**

ooo

---

* (en anglais seulement)

Pour obtenir une copie de notre catalogue :

Éditions AdA Inc.
1385, boul. Lionel-Boulet, Varennes, Québec, J3X 1P7
Télécopieur : (450) 929-0220
info@ada-inc.com
www.ada-inc.com

Pour l'Europe :

France : D.G. Diffusion Tél.: 05.61.00.09.99
Belgique : D.G. Diffusion Tél.: 05.61.00.09.99
Suisse : Transat Tél.: 23.42.77.40

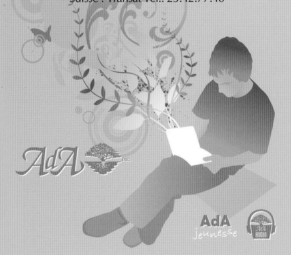

www.AdA-inc.com
info@AdA-inc.com